Gefühle im Wandel der Jahreszeiten

Prolog

Was ist schon ein Jahr? Diese Frage stellen wir uns wahrscheinlich umso häufiger je älter wir werden. Ein Jahr ist nicht nur die sich ständig wiederholende Aufeinanderfolge von Frühling, Sommer, Herbst und Winter. Jede Jahreszeit hält Überraschungen für uns bereit. In jedem Jahr sammeln wir Erfahrungen. Es gibt Dinge, über die wir uns freuen und Anlässe zur Trauer. Menschen, die wir mochten, verschwinden aus unserem Leben, und wir gewinnen neue Freunde, die uns viel bedeuten. Wir erleben Glücksmomente und wir werden enttäuscht. Gestern schien noch die Sonne in unserem Herzen, heute sind wir zu Tode betrübt, aber vielleicht können wir morgen schon wieder neue Hoffnung schöpfen. Davon erzählen die Autoren/innen in ihren Gedichten der Anthologie des Gartens der Poesie mit dem Titel „Gefühle im Wandel der Jahreszeiten". In diesem Gedichtband haben Kurt v. d. Heide und Ingrid Hartung Gedichte zahlreicher Mitglieder des Forums aus dem Jahr 2013 zusammengestellt, um den Lesern eine Ahnung von der Kreativität und der Vielseitigkeit des Gartens der Poesie zu vermitteln. Im Namen aller Autoren /innen wünschen wir Ihnen ein gefühlvolles Lesevergnügen und schöne Momente in allen Jahreszeiten.

Ingrid Hartung und Kurt von der Heide
Garten der Poesie

Gefühle im Wandel der Jahreszeiten

Eine Anthologie aus dem Garten der Poesie

Bibliografische Information der Deutschen Nationalbibliothek:
Die Deutsche Nationalbibliothek verzeichnet diese Publikation in der Deutschen Nationalbibliografie; detaillierte bibliografische Daten sind im Internet über http://dnb.dnb.de abrufbar.

Herstellung und Verlag: BoD – Books on Demand, Norderstedt
ISBN: 978-3-7357-4165-3

INHALTSVERZEICHNIS

So entstehen Dichter

Die Blätter fallen-
es wird lichter,
da wird ein Mensch schon mal zum
Dichter
und das, was er in Folge schreibt,
das bleibt.

©Lizzy Tewordt

Frühlingsgefühle

Frühlingstraum

Wenn der Sonnenstrahl ins Fenster fällt
und die Zimmer auch am späten Tag
erhellt,
hört man die Stimmen der fröhlichen
Vogelschar,
die sich erzählt wie der Tag so war.
Das dichte Grün der Bäume summt
leise vor sich hin,
steckt bestimmt der Wind mit Melodien
drin.
Auf dem Tisch da steht Brot und Wein
Hausherr lädt den Nachbarn zum
Schmausen ein.
Saftiges Grün und ein unendliches
Blumenmeer.
Die Schönste zu küren, das fällt dem Auge
so unendlich schwer.
Man hört das laute Bimmeln einer Uhr
passt so gar nicht in das schöne Bild dieser
Natur.
Ich werde wach und mache die Augen auf,
seh aus dem Fenster - und den Schnee zu
Hauf.

© Kurt von der Heide

Hoffnungsschimmer

Blauer Himmel, Sonnenschein,
lass ihn in dein Herz hinein.
Nach den trüben Wintertagen
hast du nun genug ertragen.

Ein laues Prickeln dich umgibt,
und du glaubst, du bist verliebt.
Doch so bleibt es nicht für immer,
halt ihn fest, den Hoffnungsschimmer.

© Ingrid Hartung

Begegnungen

Begegnungen sind wunderbar,
wenn wir sie zu schätzen wissen;
denn Gefühle sind gut teilbar-
schade, müssten wir dies missen.

Viel liegt es in unserer Macht,
alles innig zu gestalten.
Stets hat Segen es gebracht,
lässt statt Hass man Liebe walten.

© Gerhild Decker

Zärtlichkeit

Hast du Zeit-
Für ein wenig Zärtlichkeit?

Ich bin bereit
für
Zärtlichkeit in Worten-
an allen Orten.

Zärtlichkeit in Blicken-
das kann die Herzen entzücken.

Zärtlichkeit in einer geschriebenen
Zeile,
darin ich gerne verweile.

Zärtlichkeit mit den Händen-
das soll nie enden!

© Karin Lissi Obendorfer

Buntes Erwachen

Der Himmel malt mit Tintenblau
vorbei das düster Wolkengrau,
so dass die Herzen fröhlich beben
und tief im Erdreich reckt sich Leben.

Die Knösplein springen fröhlich auf
die Wiese rollt den Teppich aus.
Das Tirili liegt in der Luft
Veilchen versprühen ihren Duft.

Beendet nun die kalte Qual
der Lenz betritt den Erdensaal.
Und schmückt mit seiner sanften Hand
die Welt mit buntem Blütenband.

© Sabine Nebenthal

Frühling

Es rinnt und rieselt der Schnee in
Bächen
den Hang hinab, lang war der Winter im
Ort.
Nun säuseln die Frühlingslüfte wieder
durch die Birkenallee und der Winter muss
fort.

Märzenbecher heben befreit die Köpfe
dem Lichte entgegen, nehmen es dankbar
an.
Auch der Mensch fühlt sich frei, wie neu
geboren,
weilt in der Natur, so oft er kann.

Ist Frieden geschlossen schon mit dem
Winter?
So fragt der Mensch, der nicht will,
dass der Traum vom Frühling gestürzt wird
von dem übellaunischen bösen April.

© Irene Kaiser

Herz-Schmerz-Gefühl

Dir geht es momentan nicht gut,
kannst dein Herz nicht neu
verschenken,
es fehlt dir neuer Lebensmut,
hast nur Zweifel und Bedenken.

Versuch das Gestern zu vergessen,
beginn Gefühl zu akzeptieren,
sei vom Alten nicht besessen,
lass dich vom Neuen inspirieren.

Nur dann verheilt der tiefe Schmerz,
der dich so ewig lang gequält,
in deiner Brust spürt auch dein Herz,
dass ab sofort- die Liebe zählt.

© Horst Rehmann

Mai

Blütenknospen sprengen ihr Gehäuse,
Silberwolken fliegen leicht und frei,
Mädels binden Kränze, Blumensträuße,
tanzen in der ersten Nacht im Mai.

Kraftvoll pfeifen Vögel ihre Weisen
von noch kahlen Ästen früh ins Licht,
so, als wollten sie willkommen heißen,
was nun aus dem Winterdunkel bricht.

Wenn auch kühle Lüfte noch
beschweren
flicht die Sonne Wärme in den Tag.
Nichts kann sich auf Dauer vor ihr
wehren,
was vom Frost erstarrt', ihm unterlag.

Überall erwacht nun junges Leben,
Zeit der Depressionen ist vorbei.
Bunte Frühlingsfarben sich verweben
mit dem schönen Wonnemonat Mai.

© Anette Esposito

17

Ein Lächeln

Ein Lächeln hab ich aufgefangen,
so mitten im Gedränge.
Kaum sah ich 's war der Mensch
gegangen,
verschwunden in der Menge.

Doch dieses Lächeln blieb bei mir,
es wärmt mich, macht mich heiter.
Als Gruß schick ich es nun zu dir,
schenk du es fröhlich weiter.

© Anita Menger

Mein Kind

Du liegst mir am Herz, mein Kind,
du bist die schönste Melodie,
die in meiner Seele klingt.
Du bist des Lebens Sinn für mich,
ich danke jeden Tag für dich.
Du bist das Wunder in meinem Sein,
du bist für mich mein Sonnenschein.
Du bist das, was für mich zählt,
gestern, heute und auch morgen,
und wenn dich einmal etwas quält,
sind deine Sorgen, meine Sorgen.
Und sehe ich das Glück bei dir,
dann ist die Freude auch in mir.
Mein liebes Kind, zu allen Zeiten,
wird meine Liebe dich begleiten.
Deinen Weg, den musst du selber gehen,
doch wird ich immer zu dir stehen.
Ganz gleich, wie sehr die Zeit verrinnt,
du bist und bleibst immer mein Kind.

© Sabine Müller

Zeichen

Es brodelt in der Frühlingsküche
einladend rundum Wohlgerüche
die Sonne lugt als Strahlentraum
aus flockig zartem Wolkenschaum

der Mai, er lockt mit hehren Zeichen
lässt Farben leben, die erweichen
vergessen ist die Schauerzeit
mit Blumen, die ins Gras gestreut

glückselig alle Blicke schweifen
die Lustgefühle sind zu greifen
in den duftgeschwängert Sphären
wähnt die Liebe ihr Gebären

das Vogelstimmhell musizieren
öffnet begeistert Fenster, Türen
Mai, Herzensbrecher, schöner Held -
wirfst Daseinsfreude in die Welt

© Edeltrud Wisser

Mach dir (k)ein Bild

Male die dunklen Bilder deiner
Vergangenheit
Nicht wieder auf die Leinwand deines
heutigen Lebens.
Tausche sie aus gegen schöne, helle,
leuchtende Motive,
gemalt mit dem Pinsel der Lebensfreude
und dem Farbtopf der Leichtigkeit.
Kleine Farbkleckse, die passieren, gehören
dazu.
Sie werden verblassen neben den schönen
Kräftigen, bunten Tönen der Farbpalette
Deines eigenen Ichs.
Als Staffelei dient dir die Hoffnung,
der Glaube an das Gute in dir
und die Kraft, es zu erreichen.
Wann fängst du mit dem Malen an?

© Sabine Nebenthal

Weißer Flieder

Wieder blüht im Garten weiß der Flieder.
Wolkenlos der Himmel, blau, im
Sonnenschein.
Tränen netzen tonlos Augenlider,
tropfen heiß, verstohlen auf's Gestein.

Jeder Tag aufs neu spielt Melodien,
Weisen der Vergangenheit, woran sie denkt.
Seufzer, die entweichen, lässt sie ziehen,
unbemerkt keimt Sehnsucht, die bedrängt.

Abermals will schon der Frühling weiter,
träumend steht sie da, ihr blick schweift leer
ins Weit
Baumeskronen wiegen sich fast heiter,
Windgeflüster streichelt sanft die Zeit.

Wie viel Mal wird weiß noch blüh'n der
Flieder?
Wie hat sie sich ums Vergessen doch bemüht.
Jedes Jahr aufs Neue, immer wieder
steht er duftend dort am Hang und blüht.

© Anette Esposito

22

Vergeben, Vergessen, Verloren

So lange Zeit hab ich gelitten
sah nur was ich verloren hab
fühlt' von der Welt mich abgeschnitten
ich grub mir fast mein eig'nes Grab

nach Jahren erst konnt' ich vergeben
vergessen jedoch werd' ich nie
verloren hast nur du im Leben
denn du has(s)t immer noch nur sie.

© Regine Stahl

Sommertraum

Ein Hauch von Sommer

Von Tulpen ist nur Welkes noch zu sehen.
Auch Veilchen und Narzissen sind
verblüht.
Alsbald in reicher Fülle da zustehen
zeigt sich der Rosenstock jetzt sehr
bemüht.

Das Gänseblümchen schmückt die grünen
Wiesen,
Geranien beleben den Balkon.
Die Akelei'n in bunter Vielfalt sprießen
Am Feldrain grüßt der leuchtend rote Mohn.

Natur im Kreislauf – Werden und Vergehen.
Nach starrem Schlaf in Winters kalter Gruft
lässt sie der Frühling wieder auferstehen.
Umworben noch von süßem Fliederduft
Spürst du bereits: Auch er wird bald
verwehen,
schon liegt ein Hauch von Sommer in der Luft.

© Anita Menger

Was vom Tage übrig blieb

Dein Geruch,
der den Raum erfüllt.
Deine Stimme,
die noch in meinen Ohren klingt.
Dein Anblick,
der sich tief in meinem Herzen eingebrannt
hat.
Deine Berührungen,
die noch immer wohlige Schauer, in mir,
erzeugen.

Und die Erinnerung
An einen Tag, den ich niemals vergessen
möchte.

© Michael Jörchel

In Lettern der Liebe

Meine Gedanken
Möchte ich dir schenken.
Damit du lesen kannst,
Wozu Worte nicht genügen.
Und könnte ich
Meine Gefühle
In deine Hände legen,
Du würdest spüren
Die Tiefe meiner Liebe.

Das Buch meiner Zeit
Wurd' nur für dich gebunden.
Bevor du kamst,
War'n alle Seiten leer,
Bleiben ungelesen.
Du jedoch
Malst in Lettern der Liebe
Seite um Seite mir einen Traum.

© Eleonore Görges

Regen bringt Segen

Der eine spürt den Regen
Der and're wird nur nass
Für erst'ren ist es Segen
Für zweiteren kein Spaß

denn der der fühlt, sieht mit dem Herz
erhält so stets das Beste
der andere spürt nur den Schmerz
bekommt oft nur die Reste

nicht nur was man auch sehen kann
macht dieses Leben wichtig
schau doch nach innen dann und wann
dann machst du alles richtig

© Regine Stahl

Wetterkonzert

Sonnenschein seit vielen Tagen,
überall strahlt blauer Himmel,
Hitze ist kaum zu ertragen,
in den Bädern herrscht Getümmel.

Doch plötzlich ziehen Wolken auf,
der Horizont verdunkelt sich,
der Wettergott ist heut schlecht drauf,
grollt laut und donnert fürchterlich.

Starker Regen trommelt Lieder,
ein Sturm pfeift seine Melodie,
helle Blitze zucken nieder,
der Teufel selbst führt die Regie.

Zwei Stunden dauert das Konzert,
danach tritt große Ruhe ein,
das Himmelszelt hat sich geleert,
nur noch die Sonne lacht hinein.

© Horst Rehmann

Sommerglut

In des Sommers heißen Hallen,
keine Wolk den Himmel ziert,
jeglich Blau erscheint kristallen,
Sonnenglut lacht ungeniert.

Und die Winde gingen schlafen,
ruh'n in ihrem Sommerbett –
still in Regenbogen's Hafen,
warten Gelb bis Violett.

Selbst die Sterne zieh'n zur Nacht,
ihre dünnen Kleidchen an,
als Sichel hält ganz müd' die Wacht
der verschwitzte Mondenmann.

© Eleonore Görges

Am Strand

Hübsche Frauen zieren den Strand,
sie räkeln sich im hellen Sand,
mini Bikinis tragen sie,
nähren des Mannes Fantasie.

Gebräunt sind sie von Kopf bis Fuß,
der Anblick ist ein Hochgenuss,
und so manche schlanke Hüfte,
trägt verführerische Düfte.

Prall und knackig Po und Brüste,
wecken schnell beim Mann Gelüste,
und er kann sich nicht erwehren,
diese Körper zu begehren.

In jedem Sommer ist es so,
der Mann schaut gern – inkognito,
die Frau spielt gerne Katz und Maus,
sucht sich den besten Kater aus.

© Horst Rehmann

So bist du

Du bist wie du schaust
verfolgst was geschieht
unverwechselbar.
Wie eine Welle die aufbraust
auf dem Rücken des Meeres sich wiegt
dir selbst ganz nah.

Du bist wie du lachst
Vom Augenblick befreit
ein Unikat.
Wie die Sonne nach der Nacht
dem Himmel zugeneigt
es in sich hat.

Du bist wenn du erzählst
getragen vom Wort
authentisch.
Wie ein Mensch auserwählt
hier an diesem Ort
geborgen im Licht.

© Christine Brücker

Du sagst, Du wärst Anders...

Du sagst, Du wärst Anders
warum dann pflastern Tränen meinen Asphalt
Du hättest die Sonne gebucht
warum lässt Du mich sie nicht sehen
verlerne das was mir Wichtig war
dich zu verstehen und dadurch mich
hänge gerade durch
suche einen Ausweg einen Weg voran
doch Du lässt mich nicht gehen
was uns verbindet schmerzt
stehe vor der Brücke und springe
dir ein letztes Lied der Liebe singe
Du hälst mich fest
frage mich gerade warum
geht es dabei um Dich
mit mir kannst Du nicht sein
auch nicht ohne mich
Du sagst, Du wärst Anders –
wenn Du es verspürst...
lass es mich fühlen

© Frank Laser

Liebes Leben

Halt mich fest, hab keine Angst,
auch wenn du heimlich um mich bangst.
Ich kenn mich selber nur zu gut,
verwechsle Leichtsinn oft mit Mut.

Ich schlag auch gern über die Stränge,
verliere mich mal im Gedränge.
Ich träume häufig vor mich hin
und schreibe Zeilen ohne Sinn.

Probleme lassen mich nicht schlafen.
Und ich will mich selbst bestrafen.
Ich kümmre mich um meine Pflicht.
Doch manches schaff ich einfach nicht.

Wenn es mir gut geht, darfst du bleiben.
Lass mich noch meine Memoiren schreiben.
Und hauchst du aus, mein Leben,
wird es mich nicht mehr geben.

© Ingrid Hartung

Selbstzweifel

Irgendwie, weiß nicht wieso, spüre ich Kühle.
Vieles ist mir fremd, so gar nicht vertraut.
Was mir den Zugang verbaut.
Fühle mich ausgegrenzt, am falschen Ort.

Möchte schon bleiben, und doch ----
wünsche ich mich fort.

Bin Kreisklasse in Bundesliga, Amateur im
Profilager.
Möchte lernen und sehe darin keinen Sinn.
Wozu tue ich mir das an,
wenn ich doch weiß, dass ich nicht mithalten
kann?

© Sabine Brauer

Verletzte Seele

Darf man noch auf Liebe hoffen?
Kann es sie wirklich geben?
Zu oft wurde ich enttäuscht;
zu oft in meinem Leben.

Ich hab' es viel zu gut gemeint;
wollte Freude stets bereiten.
Hab' herzlich vieles schon verschenkt;
ließ mich intuitiv verleiten.

Hatte man' s naiv gesehen;
nicht geglaubt, dass es das gibt.
Dass man uneigennützig
auch noch and're Menschen liebt.

Die Seele ist zu sehr verletzt
und vieles ist da drinnen leer.
Ich geh' den Weg nicht mehr zurück;
es gibt auch keine Wiederkehr.

© Ilse Reese

Allein

Sie bahnt sich einen Weg durch die
Menschenmasse
 niemand beachtet sie
 Furcht versucht sie zu übermannen
sich alleine fühlen im Umfeld vieler
 Menschen
ist eine erschreckende gefühlte Kälte
die wie ein Hauch über ihr Haupt zieht
Verständnis und Aufmerksamkeit sind in
die Weite des Meeres eingetaucht
die Menschlichkeit ist verbraucht
eine schweigende Menge die mit leerem
Blick ihres Weges geht
die ein Miteinander – dem WIR - nicht
versteht.

© Karin Lissi Obendorfer

He, Einsamkeit

He Einsamkeit, ich hasse Dich,
Du Quälgeist meines Lebens,
ich sag Dir, Du bist fürchterlich,
doch das ist wohl vergebens.

He Einsamkeit, ich hasse Dich,
wie man nur hassen kann,
Du machst mich ohne Unterlass,
zu einem Hampelmann.

He Einsamkeit, ich hasse Dich,
Du gönnst mir keine Freuden,
mit Dir will ich nicht jahrelang,
mein Leben nur vergeuden.

He Einsamkeit, ich hasse Dich,
Du forderst viel zu viel,
lass mich gefälligst mal in Ruh,
spiel andernorts Dein Spiel.

He Einsamkeit, ich hasse Dich,
was willst Du noch von mir,
hast den Frohsinn mir genommen,
ich gehör doch längst schon Dir.

© Horst Rehmann

Im Meer der Stille

Er, der mich am meisten geliebt,
Ist nicht mehr;
Er ist ertrunken
Im Meer der Stille.
Doch als alle Wellen
Über ihm zusammenschlugen,
War die Stille nicht mehr still,
Denn dann pochte mein Herz
So wild,
Denn dann weinte meine Seele
So laut,
Dass sie die Stille zerrissen.

Und Tränen tränkten
Das stille Meer.

© Eleonore Görges

Die Rose im Garten

Die Rose im Garten fängt an zu verblühen.
Die Farbe verblasst und rasch welkt sie dahin.
Vergeblich erscheint dir dein Hegen und
Mühen
Die Zeit rafft sie fort, doch wo liegt da der
Sinn?
Wie stand sie einst prächtig, du rühmtest sie
deiner.
Nun schwinden ihr Stolz und ihr prachtvolles
Kleid.
Die Frage „Warum nur?" beantwortet keiner
und dies zu erkennen, bedeckt dich mit Leid.
Du blickst voller Sehnsucht zurück auf die
Zeiten,
den Stunden des Glücks, wo Momente kurz
stehn.
Noch atmest den Duft, der dich jetzt will
begleiten,
doch bald wird auch dieser im Winde
verwehn.
So ist es im Leben mit all jenen Dingen,
mit denen dein Herz sich zum Glücklich sein
füllt.
Die Zeit nimmt sie fort und auf tötenden
Schwingen.
Was bleibt, ist Erinn'rung von Träumen
Umhüllt.

© Anette Esposito

Abendwind

Linde Lüfte wehen leise
durch die Abendwolken hin
und im Ohr ist mir die Weise
meiner Lebensfrage Sinn.

Lauter Leiden ist im Leben
was ich will bleibt nur ein Traum;
in die Gegenwart erheben –
in Natur erleb' ichs kaum.

Guter Mond, du gehst so stille
durch die Abendwolken hin,
wie es war deins Gottes Wille
und von ihm kommt auch mein Sinn.

© Irene Kaiser

Herbstgedanken

Herbstvorboten

Blätter flüstern ganz leis' mir zu:
„Wir spüren den Herbst, der schon nah,
vorbei ist's mit der Sommerruh,
der erste Sturm war bereits da.

Unsere Blätter färben jetzt
Wege und Wiesen kunterbunt.
Jeder Fleck Erde wird besetzt,
dabei geht es recht stürmisch rund."

Eicheln tragen ihre Mützen.
Wehmütig sehe ich es ein,
alles Sträuben kann nichts nützen,
der Sommer wird zu Ende sein.

Hör' zwar noch die Grillen zirpen,
die in des Grases Sonnenschein
dort noch sehr verhalten wirken,
bald wird auch das vorüber sein.

Der Herbst mir auch viel Freude macht,
denn schüttet er sein Füllhorn aus,
bringt Ernteglück und Blumenpracht
er überreich zu mir ins Haus.

© Gerhild Decker

Kalter Herbst

Wenn der Sommer weicht
und der Herbst
kühle Winde auf die Welt schickt
dann sehnt man sich,
schwermütig,
nach den herrlichen Zeiten
als noch Wärme und Sonnenschein
die Welt regierte
und wir,
unbefangen,
das Leben genossen.
Bis wir erkennen,
dass auch der Herbst
in bunter Pracht
erstrahlt,
uns seine reizvollen
Seiten präsentiert
die es wert sind
beachtet zu werden.

© Michael Jörchel

Zur ewigen Erinnerung

Viele Jahre, in Freud und Leid, warst du unser
treuer Begleiter
Strahlende Augen und dein freudiges Gebell
Stimmten auch uns froh und heiter
Und nun ist alles vorbei – so schnell
Hast uns verlassen nun für immer
Belegst deinen Platz im Hundehimmel
Wohnst in unseren Herzen stets und immer
Wir sehen die Wolke die dich hinaufträgt in
den Himmel
Treu als Freund und Beschützer standest du an
unserer Seite
Und nun gehst du in das unergründlich Weite
Diagnose der Ärzte stach uns direkt ins Herz
Wir wollten es nicht glauben
Ab sofort war jeder Tag für dich ein Schritt
weiter Himmelwärts
Du hast es gespürt – man sah es in deinen
traurigen Augen
Wir begleiteten dich so gut es ging
Und halfen dir bei deinen letzten Wegen
Letztendlich war unsere Hilfe zu gering
Zum Abschied blieb ein kleines Grab
begossen mit unseren Tränen
Und ein gesprochenes Gebet mit unserem
Segen
Kleines Herz es schlägt nicht mehr
Kleiner Liebling lebt nicht mehr
© Kurt von der Heide

45

Seelenfreunde

Ich lade dich ein, meine Seele zu besuchen,
heute Nacht bin ich ganz für dich da.
Ich tröste dich in deinem Kummer,
ich lache mit dir über die komischen Momente
in deinem Leben,
ich liebe dich so wie eine Seele dich nur
lieben kann
und ich trauere um dich,
wenn ich am Morgen wieder erwache... ohne
dich.
Im Traum bist du mir so nah
als wären wir nie getrennt gewesen,
als hätte es uns schon immer gegeben.
Es ist ein Verstehen unserer Seelen,
die sich im Traum wieder vereinen.
Und wenn der Alltag mich erdrückt, dann
erinnere ich mich an heute Nacht.
Deine Wärme kann ich noch immer spüren.
Diese Wärme voller Liebe,
die mich erinnern lässt, dass du immer bei mir
bist.
... denn ich trage dich in meinem Herzen.

© Regine Stahl

Herbstritual

Der Wind weht die Blätter von den Bäumen
ich will ihn nicht versäumen
den Herbst in seiner Farbenpracht.

Ich bleibe stehen und spüre pur
fast zärtlich den Wandel der Natur
der mich berührt auf seine Weise.

Der Regen spült die Blätter weg
nimmt sie mit auf eine Reise
und ganz leise höre ich der Blätter
Abschiedsschmerz.

Es ist doch nur ein Ritual
und jedes Jahr das Gleiche und doch tut es
weh
das nicht Erlangte und Erreichte.

© Christine Bücker

Der gedeckte Tisch

Es ist Herbst und Zeit für Erntedank
Die Menschen sitzen auf der Bank
Reichlich gedeckter Tisch bringt uns Segen
Dankbarkeit sollte sich in uns regen
In der Kirche liegen Kartoffeln und Brot
Auf dem Altar wie im Angebot
Der Pastor spricht ein Dankgebet
Und wird dabei auch sehr konkret
Früchte geerntet aus Garten und Wald
Sehen aus wie von Hand gemalt
Auch Pilze und Äpfel geerntet vor Ort
Bekommen so manches lobend' Wort
Niemand hier muss unter Hunger leiden
Schon die Augen sich an allen Dingen weiden
Wir sollten uns in Demut dann bescheiden
Um Übermut dann zu vermeiden
Unsere Häuser schmücken viele Blumen
Von Astern bis hin zu Sonnenblumen
Wer kann schon all die Dinge zählen
Aus denen wir können bei uns wählen
An unseren Herrn richten wir ein Dankgebet
Damit unser Reichtum nie vergeht
Darum bitten wir auch für jene die sind in Not
Das Gott auch ihnen gibt für alle Zeit
genügend Brot

© Kurt von der Heide

Bitte leise

Schweig ruhig weiter,
deine Blicke sprechen Bände,
wenn deine Lippen schweigen,
flüstern zärtlich deine Hände.

Schweig ruhig weiter,
unter Wolken, unter Bäumen
läßt sich's auch ohne Worte
herrlich träumen.

Sprich ruhig weiter,
aber bitte nur ganz leise.
Nur wer das Leben leise liebt,
ist wirklich weise.

© Hans Gagsteiger

Kein Wort

Kein Wort sagen,
schlägt mir auf den Magen.
Still und traurig sitz ich hier
„Bitte", sprich mit mir.
Wir kennen uns so lange,
diese Stille macht mich bange.
Nur wenn wir ehrlich miteinander reden,
kann es ein gemeinsames Morgen geben.
Außerdem, wir sind zu alt zum Schweigen,
wir haben nur noch wenig Zeit, Gefühle zu
zeigen.
Und diese Zeit sollten wir sinnvoll nutzen
und sie nicht zum Schweigen benutzen.
Drum, red mit mir
und ich sage dir
„Danke" für die vielen vergangenen Jahre
und die wenigen, die wir noch vor uns haben.

© Rita Frentrup

Wortlos

Sanft, ganz sanft
Lässt Du mich spüren
Lass mich entführen
Verführen
Berühren
Ohne ein Wort

Dein Gesicht, dein Blick
Deine Nähe, Deine Wärme
Spricht
Bringt Licht
Drückt mehr aus
Als das es 1000 Worte könnten

© Frank Laser

Liebe

Liebe ist,
wenn man sich küsst.
Liebe meint,
man ist vereint.

Liebe findet,
was verbindet.
Liebe bleibt,
wenn es uns weitertreibt.

Liebe geht,
wenn es zu spät.
Liebe lächelt dir zu.
Du findest niemals Ruh.

Liebe ist das Schönste in unserem Leben.
Liebe pur will ich dir geben.
Liebe ist,
das, was man nie vergisst.

© Ingrid Hartung

Behalte dein Herz

Stets möchtest du dein Herz mir schenken,
aus Liebe, wie du immer sagst.
Dass ich täglich an dich denke,
und dass ich weiß, dass du mich magst.

Behalt dein Herz in deiner Brust,
denn es gehört nur dir allein
und dessen sei dir auch bewusst,
mein Herz wird immer bei mir sein.

Schön ist es wenn wir beide wissen,
unsere Herzen sind im Takt,
dass wir sie nicht verschenken müssen
für einen Liebespakt.

Herzen die gemeinsam schlagen
sind auf ewig Eins,
eng verbunden, von der Liebe getragen
ohne all das Deins und Meins.

Auch wenn uns Etwas auseinander triebe,
egal wie hoch, egal wie weit,
keine Grenzen kennt die Liebe,
keinen Raum und keine Zeit.

© Michael Jörchel

Der Herbst

Das Laub fällt von den Ästen,
in gefärbtem Gelbbraunrot,
gibt tänzelnd sich zum Besten,
wirbelt in den Wintertod.

Die Vögel singen Lieder,
vor ihrer großen Reise,
sie putzen ihr Gefieder,
und fliegen Abschiedskreise.

Der Mensch ordnet den Garten,
macht sein Häuschen winterfest,
und Tiere vieler Arten,
bauen sich ein warmes Nest.

Jedes Jahr das gleiche Spiel,
Herbst erringt im nu die Macht,
altert schnell, zeigt sich labil,
wird – vom Winter ausgelacht.

© Horst Rehmann

Novemberliches

Novembermantel deckt als grauer Schleier
die filigran geword'nen Bäume wieder zu.
Beendet ist die bunte Herbstesfeier
und müde neigt das Jahr sein Haupt zur Ruh.

Der Glanz auf gold'nen Blättern ist vergangen.
Sie liegen dicht als Teppich nun im Nass.
Mit Wolken hat der Himmel sich behangen
bläht fahl sich auf von Dunkelgrau ins Blass.

Ein Rosenbusch steht wacker noch im Freien.
Voll Knospen hält er Wetterlaunen Stand.
Es scheint als wollten Blüten noch gedeihen
bevor der Winter grüßt mit weißer Hand.

Auch Kranichscharen ziehen laut durch
Weiten.
Geschmeidig schwingend reisen sie gen Süd.
Sie folgen instinktiv im Flug Gezeiten
und kehren erst zurück wenn's wieder blüht.

Schon nahen sich die ersten Winterzeichen,
denn frostgeschmückt der frühe Morgen lacht.
Noch einmal stellt das Jahr nun seine Weichen,
das Vielerlei auch diesmal hat gebracht.

© Anette Esposito

Fantasie der Gedanken

Auf dem Regenbogen tanzen
auf den Wolken schweben
nach den Sternen greifen
märchenhafte Augenblicke erleben
sich der Leichtigkeit der Traumwelt ergeben
dem Alltag lautlos entschweben
Kraft auftanken der Seele erfülltes Bestreben

© Karin Lissi Obendorfer

Auf Adlerschwingen

Auf Adlerschwingen
der Wind
deine Liebe zu mir trägt
sich wie ein Mantel
um mich legt

Mein Herz
sanft erwärmt
mich entführt, berührt, verführt
und dich zu meiner
ersehnten Liebe kürt

Auf Adlerschwingen
fliegen wir
einer neuen Welt entgegen
behütet in unseren Träumen
unserer Phantasie erlegen

© Frank Laser

Novemberblues

Wenn Nebel feucht die Erde küsst,
die Bäume keinen Schatten tragen,
der Wind die letzten Blätter frisst,
die Äste schwarz gen Himmel ragen

wenn Menschen fröstelnd draußen hasten
mit hochgestelltem Mantelkragen
und wie gedrückt von Trauerlasten
die Blicke kaum zu heben wagen

Dann ziert den Grabstein frisches Moos.
Das ew'ge Licht kämpft um die Luft.
Man reißt sich von Erinn'rung los,
verharrt in Schweigen vor der Gruft.

Novembertrauer, frühes Dunkel,
Gedächtnistage tief beschwert,
bis kalte Schneeluft, Sterngefunkel
und ersten Frost die Nacht beschert

Da kommt uns Glühwein in den Sinn!
Jetzt sehnt man sich nach heißem Trank,
legt Äpfel sich zum Braten hin,
wärmt sich an Herd und Ofenbank.

© Manfred Bittelbrunn

Winterzauber

An den Winter

Ich danke dir für diesen Tag.
Ich steh zu dir, weil ich dich mag.
Du machst alles weiß und sauber.
Die Welt versinkt im Winterzauber.

Der Schnee, er glitzert wie Kristall
und plötzlich trifft mich ein Schneeball.
Die Kinder tummeln sich im Schnee.
Und doch tut' s mir im Herzen weh.

Denn bald kommt die Zeit, da taust du weg
und uns bleibt nur noch Matsch und Dreck.
Doch dann freuen wir uns auf das Grün
und auf der Wiese Blumen blühn...

© Ingrid Hartung

Geraubte Zeit

Ein wahrlich düsterer Gesell
ist in diesen Tagen schnell,
immer und überall zur Stell.

Liegt auf der Lauer,
schickt dunkle Schauer
in unsere Seelen,
will Frohmut uns stehlen.

Raubt uns die Farben,
stiehlt uns das Licht,
kommt für seine Taten
nie vor Gericht.

Doch bald hat der Kalender
ihn gepackt,
stopft ihn in seinen eigenen
grauen Sack.

Jetzt kommt der Dezember,
verjagt den November,
und dann ist Schluss,
mit diesem Blues.

© Sabine Müller

Winters Freudentränen

Wenn der Winter weint,
dann weint er Freudentränen,
die vom Himmel fallen,
als dicke weiße Flocken,
leicht wie Federn,
die tanzend sich den Weg bahnen,
leise sich auf die Erde legen,
alles lautlos bedecken,
um für Mensch und Natur,
in ihrer Pracht zu erstrahlen.

Eine watteweiche Winterträne,
legt kühl sich auf meine Hand,
zerschmilzt in ihrer Zartheit,
sachte… leise… endlich…

© Eleonore Görges

Zerstörte Seele

Mein Freund, du schaust so traurig aus,
was hat man nur mit dir gemacht?
Komm und erzähl, lass es mal raus,
damit dein Antlitz wieder lacht.

Ist es ein brennend tiefer Schmerz,
der dir das Augenleuchten nimmt,
der sich verbirgt in deinem Herz,
in dem zurzeit kein Funke glimmt?

Ich weiß dass deine Seele schreit,
weil deine Jugend grausam war,
und keiner dich vom Leid befreit,
das ist auch mir längst sonnenklar.

Die Mauer, die dich fest umgibt,
wird im Nu zusammenkrachen,
wenn die Person kommt, die dich liebt,
dich betört, mit ihrem Lachen.

Der Trübsinn zieht sich dann zurück,
jauchzen tönt aus deiner Kehle,
vor dir liegt der Weg ins Glück,
geheilt ist die – zerstörte Seele.

© Horst Rehmann

Was ich Dir wünsche

Ich wünsche Dir
Weder Reichtum noch Geld,
ich wünsche Dir auch nicht
alles Glück der Welt.

Doch ich wünsche Dir
einen Blick für das Schöne
und offene Ohren
für die leisen Töne,
und wenn Du ihn brauchst,
den richtigen Rat
und stets einen Freund,
der all dies für dich hat.

© Hans Gagsteiger

Glück

Glück
ist ein Lächeln
das, im Herzen wurzelnd,
seine Blüten entfaltet,
die mit ihrem Duft
deine Tage verzaubern…

© Anita Menger

Dezemberwochen

Dezember schreibt des Jahres Feder.
Die Tage werden kurz und alt.
Besinnlichkeitsgepäck trägt jeder.
Auch Herzenswärme nimmt Gestalt.

Der Regen tropft von Wolkendichte,
hüllt frierend sich in Hermelin,
sinkt tanzend nun im Dämmerlichte
ganz federleicht zur Erde hin.

An Häusern ranken Lichterketten.
Und Kerzen brennen im Gemach.
Dort werden nachts in vielen Betten
Dezemberträume wieder wach.

Musik berieselt nun die Wochen
gemischt mit weihnachtlichem Duft.
Die Zeit, die wieder angebrochen,
trägt Würde durch die Winterluft.

Man wartet auf die Nacht der Nächte
in Eifrigkeit und ohne Rast.
Doch hat der Mensch, bedacht auf`s
Rechte,
bei seinem Tun den Sinn erfasst?

© Anette Esposito

Leben

Wir machen wir tun,
doch die Vergangenheit will nicht ruhen.
Ein kleiner Schritt,
ein Lichtstrahl,
erhellt,
was in den Schatten gestellt.
Die Flut kommt,
und all das Gute in der Hölle verkommt.
Die Kraft vergeht,
das kleine Kind weint,
und jeder Schritt scheint zu weit.
Willkommen im Leben,
Dunkelheit..
der Partner auf all deinen Wegen.

© Agata Knoll

Die Welt ist bunt

Die Welt ist bunt! – Ich singe frohe Lieder
auch wenn am Waldrand dunkle Schatten
stehn.
Ich zwing die Angst, die in mir hoch kommt,
nieder.
Muss ich der Wahrheit auch ins Auge sehn,
darf meine Hoffnung doch nicht untergehn.

Die Welt ist bunt, die Welt ist wunderschön!

© Anita Menger

Winterzauber

Betört von der Schönheit der Winterzeit
werden wir es nicht leid
durch den Schnee zu spazieren
auch wenn wir etwas dabei frieren

Blicken staunend in die Natur
Herzenswärme umgibt uns nur
lachend bauen wir einen Schneemann
prüfen wer mit den Schneebällen besser
werfen kann

Dankbar schaue ich Euch Beide an
Glück und Zufriedenheit ein Herz bestimmen
kann
die Liebe, die aus euren Augen strahlt ist
Magie
oh Winterzauber, Dich vergesse ich nie

© Frank Laser

Dir nah sein

Und dann wenn die Erinnerungen ihre sanften
Flügel über mir ausbreiten,
genieße ich sie mit einem lachenden und
einem tränenden Auge.
Und ich schließe die Augen und es ist alles
noch da.
Gut und liebevoll verpackt in der Kammer
meines Herzens
die ich immer wieder betreten werde um dir
nah zu sein.

© Sabine Nebenthal

Kerzenschimmer

Dezemberwind saust durch die Bäume,
zupft und beutelt, zauselt sie.
Trüb die Wolken an dem Himmel
schnell in Richtung Westen zieh'n.

Mein Zuhause liegt im Dämmerlicht
und sieht nicht heimisch aus.
Also geh' ich in die Kammer
hole mir die Kerzen raus.

Die entzünd' ich in der Stube
und ein warmes helles Licht,
das erhellt auch meine Seele.
Kerzenschimmer Trauer bricht.

© Sabine Brauer

Betörung

Erschließe die Gedankenräume,
hier liegen noch in Sinnesschalen,
des Lebens Mischung, ferner Träume,
bereit, um Wortbilder zu malen.

Es streichelt zarter Schöpfungsschimmer,
mir Hände, Geist, hin zum Geschicke,
ein Musenhauch erfüllt das Zimmer,
Betörung liegt im Augenblicke!

Versenke mich, Magieumgeben,
sie trägt, am Herzen inspiriert,
erwachen Silben, werden Leben,
poetisch – mir die Seele ziert

© Edeltrud Wisser

Gedanken zum Jahresende

Das Jahr.
Ein weiterer Mosaikstein,
der das Bild unseres Lebens
erweitert hat.

Ein Stein,
gefüllt mit Ereignissen
und Erinnerungen
die uns begleiten werden.

Erlebnisse,
die dieses Bild
einzigartig werden lassen.

© Michael Jörchel

Epilog

MIT ZUVERSICHT IN DIE

ZUKUNFT

Die Gesellschaft hat ein Problem
Es liegt begründet im System
Der Mensch wird stärker Ich-bezogen
Drum wird gelogen und betrogen

Und wenn du mal die Wahrheit sagst
Dich etwas weit nach vorne wagst
Dann hast du dir zu viel getraut
Und wirst kaum noch angeschaut

Was unsere Ohren nicht mehr hören
Und unsere Augen nicht mehr sehen
Das wird uns auch nicht weiter stören
Denn wir wollen nicht verstehen

Ich finde nicht die kleinste Spur
Zur Lösung unserer Probleme
Jeder zuckt die Achseln nur
Zeigt mit dem Finger auf Systeme

Freimütig gibt man bekannt
Die Zukunft ist nicht interessant
Nur die Gegenwart ist wichtig
Ich frage nun, ist das wohl richtig?

Es liegt doch ganz klar auf der Hand
Die Gier vernebelt den Verstand
Denn wo das Herz am Gelde hängt
Der Mensch nicht an die Zukunft denkt

Wir warten auf das Morgen
Doch das bringt viele Sorgen
Ich denk, wir werden alles überwinden
Und neue Wege finden

Und doch, für manchen liegt das Glück
Unendlich weit zurück
Weil er aufs falsche Pferd gesetzt
Doch die Hoffnung stirbt zuletzt

Erschieß das Pferd, lauf schnell zurück
Vielleicht erwischt du noch das Glück
Denn ohne Glück dir Freude fehlt
Und Leben erst so richtig quält

Ach, wär die Qual des Lebens
Letztendlich doch vergebens.
Denn mit Glück und Freude
Ertragen wir das Heute.

Ein Tor der Schlimmes denkt
Wenn ihm jemand ein liebes Wort heut
schenkt
Man muss nicht immer alles hinterfragen
Wenn ihm jemand etwas Nettes dann tut sagen

Ladet doch die Liebe zu euch ein
Aber behaltet sie nicht für euch allein
Verschenkt sie auch noch an jemand andern
Damit sie von Herz zu Herz kann wandern

Und in der Ferne
Da leuchten tausend Sterne
Der Himmel ist ein Sternenmeer
Wie gern ich einer davon wär

Das Jahr es geht zu Ende
Langsam kommt die Zeit der
Wintersonnenwende
Probleme bleiben nun zurück
Die Zukunft träumt nur noch vom Glück

Vorbei, die Zeit der Weihnachtskerzen
Der Frühling blüht in unsere Herzen
Die Hoffnung blüht mit starkem Willen
Mit Hoffnung kann sich Glück erfüllen

Er ist wieder da der Januar
Der erste Monat vom neuen Jahr
Und der Klimawandel der macht es möglich
Bei Sonnenschein und Wärme fühl ich mich
behaglich

Der Januar ist lind und grün
Und ab und an auch Blumen blühn
Ich denk, die herrliche Natur
Sie gaukelt uns den Frühling vor

Auch im neuen Jahr bläst der Wind im täglich
Einerlei
Sagen und Handeln sind für die meisten immer
noch Zweierlei
Unsere Umwelt können wir täglich mit eigenen
Augen sehen
Drum gebraucht euren Verstand damit ihr sie
könnt auch verstehen

Es hat der Mensch im Größenwahn
Der Umwelt sehr viel Leid getan
Jetzt kriegt er Wind von vorn
Und auch was um die Ohr´n

Seh´ ich die Blüten welk am Boden liegen
Bin ich betrübt, dass Schönheit ach so schnell
vergeht
Doch schau ich auf, bemerke ich voll Freude
Der Lebensbaum schon wieder neue
Hoffnungsknospen trägt

Vor mein Gesicht halt ich die Hand
Und lauf frustriert durch dieses Land
Jedes Jahr beginnt meist so
Doch ab März, werde ich dann froh

Vergessen wir das Alltagsgrau -
Jeder Tag sei so mild wie der Duft
Und so rein wie das Blau
Der Veilchen.

Unser Leben ist geprägt von Zuversicht
An die Herzen kommt nun ganz viel Licht
Wir leben heut und hier in unserm Glück
Blicken auf alte Sorgen nicht zurück

© **Gemeinschaftsarbeit des Gartens der Poesie Januar 2014**

Danksagung

Wir danken allen Autoren/innen, die ihre Werke bereitwillig zur Verfügung gestellt haben, damit die Anthologie „Gefühle im Wandel der Jahreszeiten" entstehen konnte. Des Weiteren gilt unser Dank Anneliese Leding für die Gestaltung des Covers mit ihrem Bild „Blavand Strand".

Greta Hennen, Sabine Brauer, Irene Kaiser, Ingrid Hartung, Kurt von der Heide, Bernd Rosarius, Michael Jörchel und Martin-Smart haben mit ihren Vierzeilern dazu beigetragen das Gedicht „Mit Zuversicht in die Zukunft" und somit eine gelungene Gemeinschaftsarbeit der Dichter des Gartens der Poesie zu erschaffen.

Der Garten der Poesie ist ein Internetforum für Künstler und Autoren ohne deren Gemeinschaft und Zusammenarbeit so etwas nicht möglich wäre! Neben Gedichten sind auch Kurzgeschichten zu finden. Maler präsentieren ihre Bilder und Fotografen zeigen ihre Fotos und Fotogedichte.

Ingrid Hartung und Kurt von der Heide

Produkte aus dem Garten der Poesie

Seelenzauber (Printausgabe)

(E-Book)

Produkte aus dem Garten der Poesie

Gedanken fliegen sich frei